Silmara Rascalha Casadei e Rosangela Valerio

Tecendo Laços

A história de Ivani Fazenda, a professora que trouxe a Interdisciplinaridade para o Brasil

Ilustrações: Claudia Cascarelli

1ª edição
2020

© 2020 texto Silmara Rascalha Casadei
Rosangela Valerio
ilustrações Claudia Cascarelli

© Direitos de publicação
CORTEZ EDITORA
Rua Monte Alegre, 1074 – Perdizes
05014-001 – São Paulo – SP
Tel.: (11) 3864-0111 Fax: (11) 3864-4290
cortez@cortezeditora.com.br
www.cortezeditora.com.br

Direção
José Xavier Cortez

Editor
Amir Piedade

Preparação
Dulce S. Seabra

Revisão
Alexandre Ricardo da Cunha
Rodrigo da Silva Lima

Edição de Arte
Mauricio Rindeika Seolin

Obra em conformidade ao
Novo Acordo Ortográfico da Língua Portuguesa

Dados Internacionais de Catalogação na Publicação (CIP)
(Câmara Brasileira do Livro, SP, Brasil)

Casadei, Silmara Rascalha
 Tecendo Laços: a história de Ivani Fazenda, a professora que trouxe a Interdisciplinaridade para o Brasil / Silmara Rascalha Casadei e Rosangela Valerio; ilustrações Claudia Cascarelli. – 1. ed. – São Paulo: Cortez, 2020.

 ISBN 978-65-5555-019-1

 1. Fazenda, Ivani Catarina Arantes 2. Histórias de vida 3. Interdisciplinaridade na educação 4. Prática pedagógica 5. Professoras – Biografia 6. Relatos de experiências I. Valerio, Rosangela. II. Cascarelli, Claudia. III. Título.

20-43724   CDD-371.10092

Índices para catálogo sistemático:

1. Professoras: Vida e obra   371.10092

Cibele Maria Dias – Bibliotecária – CRB-8/9427

Impresso no Brasil – setembro de 2020

*À professora Ivani,
que orientou mais de duzentas teses na área de Educação.*

*Ao Grupo de Estudos e Pesquisas Interdisciplinares (GEPI),
onde as construções e encontros foram realizados.*

Ao futuro mais promissor para a humanidade.

Às nossas famílias e amigos.

E a nós!

Esta é a história de Ivani. Uma menina alegre por natureza, entusiasmada, apaixonada por livros, gentil, corajosa e estudiosa!

Vamos percorrer a sua história, desde seu nascimento até tornar-se uma das professoras mais conhecidas e queridas do Brasil e de outros países.

São treze capítulos em treze laços e uma joaninha que aparecerá várias vezes.

Mas por que a joaninha?

Porque ela é simbólica e sua presença traz diferentes compreensões em diferentes países. Existe uma lenda, muito antiga, que conta que insetos estavam infestando as plantações. Os fazendeiros começaram a rezar para Nossa Senhora e, de repente, apareceram milhares de joaninhas que acabaram com as pragas e protegeram as plantações. Na tradição medieval do folclore europeu, ela é conhecida como símbolo de fé, espiritualidade e harmonia.

Na França, se ela tocar em alguém, representa aviso de renovação, levando embora tudo o que não for bom. Nos Estados Unidos representa uma primavera com colheita abundante, na Grã-Bretanha, bom tempo. Na China, representa a mensagem divina, trazendo boa sorte. Em outros países, traz o verdadeiro amor.

Escolhemos a joaninha para simbolizar a menina Ivani, que dialogará com o leitor por meio de suas palavras de sabedoria.

Basta um simples toque!

Primeiro laço: O NASCER DE UMA VIDA

Ivani Catarina Arantes Fazenda nasceu no dia doze de setembro de 1941. Seu pai era de origem portuguesa e chamava-se Plínio, e sua mãe, de origem suíça, chamava-se Zulmira. Ivani, quando criança, morou muito tempo no bairro da Mooca em São Paulo, na Vila Inglesa, onde muitos falavam inglês. À época, estavam construindo a estrada de ferro, a Santos-Jundiaí, onde seu pai era o administrador. Sua casa era construída ao estilo das casas inglesas, com jardins e flores coloridas, e em frente ficava o largo onde as crianças brincavam.

Vida é o fluir incessante de contínuas alegrias.

Segundo laço: BRINCAR DE LER

Quando Ivani descobriu os livros, descobriu também o seu jeito de brincar.

Sua mamãe lhe dizia: "Ivani, vá brincar com brinquedos!".

A menina respondia: "Já vou, mamãe!". Então pegava uns livros e lá ia brincar com as palavras e as histórias, que muito lhe encantavam. E ela lia, lia sem parar... Seus pais ficavam preocupados, pois ela não brincava do mesmo jeito que as outras crianças.

Quando foi para a escola, estudou no Instituto Feminino de Educação Padre Anchieta. Naquele tempo havia escolas para meninos e escolas para meninas.

E a cada dia sua paixão pela leitura aumentava. Em especial, leu toda a coleção de Monteiro Lobato, sendo que a história "Os doze trabalhos de Hércules" marcou-a profundamente.

Como era muito curiosa, para compreender melhor o que lia, consultava também enciclopédias e bibliotecas, e foi assim que ela descobriu a mitologia grega.

O chão da escola liberta pela leitura, nela há convivência com o inusitado.

Entre os mitos, conheceu a história do Minotauro, um monstro que vivia dentro de um labirinto e que de tempos em tempos o rei enviava pessoas para serem sacrificadas por ele. Então um jovem chamado Teseu, que era muito corajoso, foi até o rei e pediu permissão para destruir o Minotauro, embora confessasse que não saberia como sair do imenso labirinto. Ariadne, filha do rei, ouvindo Teseu, logo se apaixonou por aquele jovem corajoso e disposto a preservar tantas vidas que seriam sacrificadas. Teseu também percebeu que o seu coração começara a bater mais forte por Ariadne.

O rei permitiu que Teseu entrasse no labirinto. Ariadne, temendo pela vida do jovem, deu-lhe um novelo de linha e pediu-lhe que o fosse desenrolando e formando o caminho por onde deveria voltar...

Teseu conseguiu matar o monstro e voltar pelo caminho deixado pelo fio de Ariadne, casando-se depois com ela.

Ivani refletiu sobre as linhas dos livros, sobre linhas que teciam caminhos de vida e pensou que gostaria de ofertar muitas linhas para que as pessoas encontrassem seus percursos...

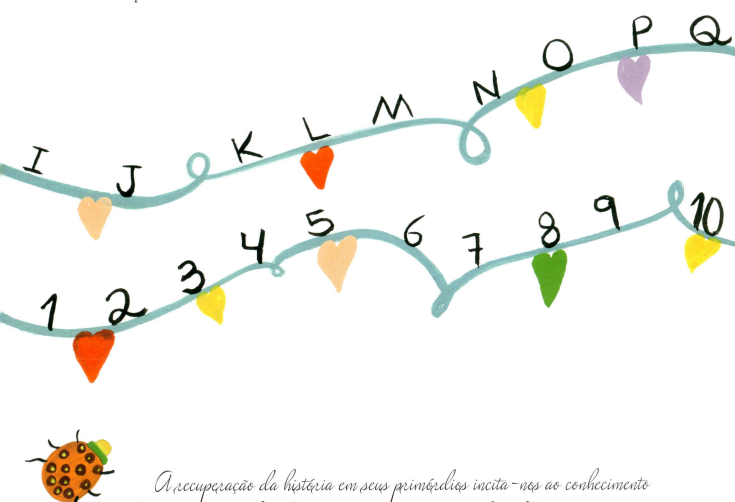

A recuperação da história em seus primórdios incita-nos ao conhecimento de nossas origens e fortalece-nos para os imprevistos da vida!

Terceiro laço: SONHO DE CRIANÇA

Sua família insistia para que Ivani brincasse de outras formas, mas Ivani nem ligava, para ela os livros eram seus grandes brinquedos. As palavras dos livros eram mágicas e as figuras a deixavam com muita imaginação.

Ivani pensava que, se pudesse, chamaria todas as crianças para contar histórias e tudo que aprendera nos livros. Fariam roda de histórias e peças teatrais para todos.

Voaria com seus pensamentos junto aos amigos ao lado de Peter Pan, de Alice no País das Maravilhas e conversariam com Pinóquio. Fariam muitas travessuras com Pedrinho e Narizinho. Conversariam sem parar com a Emília e interpretariam as histórias para toda a vizinhança.

Foram inúmeras apresentações no quintal de sua casa.

Os contos de Andersen e dos Irmãos Grimm iam passando por seus olhos, que percorriam cada página com indescritível prazer. Ivani imaginava-se uma heroína, interpretando sozinha ou com amigos muitos personagens.

Um sonho contido nos livros projeta-nos para o futuro. É importante, mais do que pensar, exercer.

Quarto laço: AMIGOS PARA SEMPRE

Na sua história, houve alguém muito querido: o seu avô Juvenal. Quando o visitava, sua alegria era maior, pois em sua biblioteca conheceu os grandes clássicos e viu livros em línguas que nada entendia.

O avô lia muito para a neta e ela ficava motivada a ler também. Como Ivani gostava de mitos, Juvenal lhe apresentou os mitos brasileiros com seu rico folclore. Ivani adorou o Saci-Pererê, a Iara, mãe das águas, o Curupira...

E ele lhe contava causos sobre os mitos acrescentando conhecimento cultural à Ivani.

E quando a menina não entendia algumas palavras, ele indicava um bom dicionário para que pudesse pesquisar. O dicionário foi se tornando um grande amigo também. Ele sempre lhe respondia, quando era consultado.

A busca, seja ela erudita, acadêmica ou digital, aquieta os corações impulsionando-os para saber mais, agrega amigos, comunidades, construtores do mundo...

Quinto laço: OUSADIA

Certa vez, na casa de seu avô, enquanto os adultos conversavam e davam gargalhadas, ela foi para o porão escuro, sem nenhum raio de luz ou de sol, que lhe lembrava um filme de terror.

Ivani ligou uma lanterna e leu secretamente seus livros até acabar a pilha. E na escuridão, mesmo com medo, vivenciou um momento de grande aventura... Ao longo de sua vida, enfrentaria também, com ousadia, as aventuras de ser ela mesma.

Mesmo em sua casa, quando os pais falavam para ir dormir, ela acendia sua lanterna embaixo do lençol, para que não descobrissem que estava acordada, e continuava a ler, a ler...

Na escola, a professora disse para todos os alunos que era preciso decorar as tarefas para fazer as provas e Ivani logo se perguntou: "Decorar? Acho que não, mas compreender para inovar".

Ousar é acreditar na possibilidade e realizar. A ousadia impede que se copie, pois a cópia embota a criação e a criação é o que liberta. Não estamos sozinhos.

Sexto laço: CURA

Naquela mesma época, sua família viveu momentos muito difíceis.

A irmã de Ivani adoeceu gravemente... seus pais, por mais que tentassem, buscando muitos médicos, não conseguiam restabelecer a saúde de sua irmã.

Ivani esperava e esperava que ela se salvasse. Ficava em casa, com seus livros, mas quando seus pais retornavam do médico, logo percebia, pela aparência deles, que sua irmã ainda não havia conseguido se recuperar.

E foi assim que ela teve uma grande tristeza na sua história de vida. Sua jovem irmã faleceu aos sete anos de idade... Foi uma dor inesperada, que ninguém entendia... Sentia em si e em seus pais muito sofrimento.

Ivani, aos treze anos, para enfrentar essa dor, transformou-a dentro de si. Começou a ter o grande desejo de ser médica para curar as pessoas, viajar o mundo, atravessar fronteiras e cuidar, cuidar...

É na dor que podemos encontrar o sentido da alegria. O desejo de curar supera obstáculos, sejam eles de qualquer natureza.

Sétimo laço: COERÊNCIA!

O tempo foi passando e deixando suas marcas. Os desejos de cuidar e curar sempre a acompanharam.

Ivani foi crescendo, avançando na sua história e nunca deixando seu propósito: ir além! Nas universidades, decidiu-se, primeiramente, pelos livros, e cursou Pedagogia, para ajudar as crianças a gostarem de ler. No 4º ano foi escolhida para ser pesquisadora, foi monitora chegando a ser orientadora na Universidade de São Paulo. Foram dez anos como pesquisadora e orientadora de livros, pessoas e almas. Estudantes que chegavam de toda a América Latina com suas dúvidas, anseios e desejos de planejar o melhor da educação para os seus países.

Nesse percurso, Ivani cursou Antropologia, para ampliar o olhar sobre o ser humano, suas culturas e valores.

Cursou também Filosofia, para entender grandes pensadores e contribuir para que os estudantes pensassem mais sobre todas as coisas.

Com os estudos da Filosofia, voltou aos mitos, ao teatro grego, refletindo sempre sobre o sentido da vida e a história de cada um...

Foi esse o jeito que encontrou para fazer tudo o que mais gostava: estudar, aprender, compreender e cuidar.

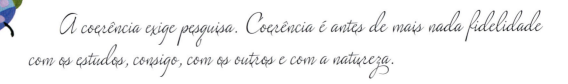

A coerência exige pesquisa. Coerência é antes de mais nada fidelidade com os estudos, consigo, com os outros e com a natureza.

Oitavo laço: ENCONTRO DE AMOR

Em sua mocidade, Ivani conheceu uma pessoa muito especial: Jorge Fazenda, um jovem muito inteligente, cientista e apaixonado por cinema. Seu amor pela Química o levou a ganhar o prêmio Jabuti na área de Ciência e Tecnologia.

Por ele se apaixonou e também foi muito amada. Eles se casaram e juntos construíram um lar.

Desse encontro de amor nasceram Marcelo e Carla.

Marcelo sempre gostou de construir e descontruir com seus bloquinhos de madeira e sua escolha foi Engenharia.

Carla, sempre apaixonada por arte, escolheu a Arquitetura para novas formas de criar.

Em família, gostavam muito de viajar e ir ao cinema. Uma biblioteca foi criada para que os livros também ali tivessem sua morada. Seus filhos cresceram ouvindo histórias.

E suas aventuras com a leitura continuavam, seus estudos avançaram e para seus filhos lia lindas histórias.

O encontro de amor acontece num único momento, mas dura para sempre.

Nono laço: PESQUISA

  Ivani começou a trabalhar como professora, depois foi convidada para ser diretora de escola, inaugurando o Ginásio da Escola de Aplicação da Universidade de São Paulo.
  Deu aulas em cursos de especialização e desenvolveu estudos no Brasil, em Portugal, Estados Unidos, França. Seu grande olhar, sempre atento, observador e curioso, se abriu ainda mais.
  Prosseguiu cursando o Mestrado, Doutorado. Tornou-se Livre Docente.
  Avançando em seus estudos, sempre ousada e destemida, trabalhou com pesquisadores de renomes internacionais, especialmente Hilton Japiassu e Georges Gusdorf, seu grande mestre! Ivani pegava toda semana o trem noturno para o Rio de Janeiro para poder assistir às suas aulas.
  Foi com eles que começou a pensar sobre a Interdisciplinaridade.

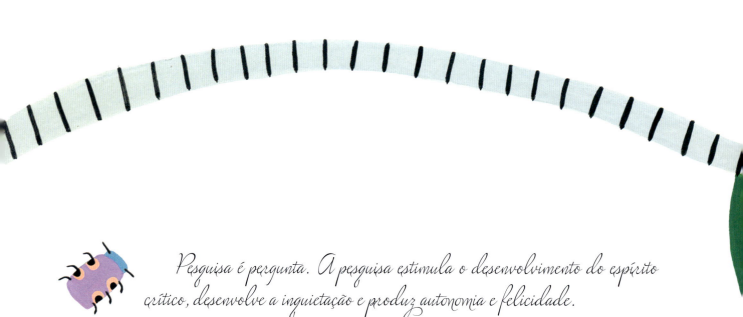

Pesquisa é pergunta. A pesquisa estimula o desenvolvimento do espírito crítico, desenvolve a inquietação e produz autonomia e felicidade.

Décimo laço: RESPEITO E ESPERA

Ivani logo percebeu que a Interdisciplinaridade não podia prescindir da ciência. Interdisciplinaridade é ciência comprovada, representando também uma atitude de diálogo consigo próprio, com as pessoas e com as demais ciências.

Por exemplo, quando ela olhava para o Sol, via que ele era amarelo. Se perguntasse para um amigo, ele poderia dizer que o Sol é quente, outra amiga diria que é grande, outros que ele é o maior responsável pela vida na Terra, outra a avisaria que está havendo aquecimento global e um outro logo completaria que se continuarmos com o desrespeito à natureza, as geleiras irão derreter...

Enlaçando todos os olhares e saberes, o entendimento e a compreensão sobre o Sol ficariam maiores e mais abertos para outras perspectivas. E juntos dialogariam, pesquisariam, e descobririam ainda mais a seu respeito.

Ivani percebeu que quanto mais perguntava, mais respostas ouvia e que é possível colocar esses saberes a serviço de uma coletividade com novas perguntas: O que fazer com os ursos brancos se as geleiras derreterem?

 Respeito é aceitação, diálogo, construção conjunta, espera. Esperar não significa parar. Esperar é encontrar o momento certo para agir.

Décimo primeiro laço: HUMILDADE

    Ivani adorou aprender sobre Interdisciplinaridade.

    Assim, tornou-se uma educadora atenta aos olhares, às histórias de vida, às ideias e aos projetos de cada aluno que chegava a sua sala de aula.

    Na Pontifícia Universidade Católica, atuou como professora e orientadora por mais de trinta anos, onde a teoria e a prática interdisciplinar se desenvolveram. Fundou o Grupo de Estudos e Pesquisas Interdisciplinares, que conta com mais de trezentos membros, que são pesquisadores, estudiosos, colaboradores, mestres e doutores levando o conceito para o Brasil e para o mundo.

    Escreveu mais de trinta livros sobre Interdisciplinaridade, sendo uma grande precursora desse tema no Brasil.

    Humildade é sua estrela maior, apesar da notoriedade e dos parceiros amigos, nacionais e internacionais.

    E, como laços que se juntam, foi convidada e empossada na Academia Paulista de Educação, ocupando a cadeira de Monteiro Lobato.

 *Humildade é o oposto de arrogância. É ter consciência de sua própria limitação.*

Décimo segundo laço: DESAPEGO

    Ao longo de sua história muitas mentes e corações ela tocou, cuidou e curou. Ajudou alunos a desenvolverem suas qualidades, dialogarem diante das dificuldades e isso sempre representou a força de um grande amor.

    Recebeu a todos, indistintamente, com seu abraço acolhedor, oferecendo-lhes um grande manto de conhecimento protetor.

Formou muitos professores, antropólogos, médicos, fez despertar novos mestres e doutores que escreveram e desenvolveram mais projetos interdisciplinares sobre temas como: escolas de educação integral, os idosos, a leitura, a sustentabilidade, o corpo, a generosidade, a espiritualidade, histórias de vida, o tempo, a alfabetização, a juventude, as escolas púbicas, as escolas técnicas, as escolas particulares, a tecnologia, a música, a comunidade, a gastronomia, o respeito às individualidades étnicas, raciais e de gênero, entre muitas outras.

Sempre os deixava livres para que pudessem seguir suas vidas, para que avançassem para novas fronteiras. Depois, voltam para contar suas experiências, que ela ouve com alegria.

Desapegar-se é adquirir a coragem de começar tudo de novo, como se nada tivesse feito...

 Uma vida é pouca para encontrar todos os caminhos da Interdisciplinaridade.

Décimo terceiro laço: PARCERIA!

E Ivani, amante do número treze, seu número da sorte, pois nasceu no dia treze e seu filho Marcelo também nasceu nesse dia, defendeu suas pesquisas em teses de Doutoramento e de Livre docência num dia treze.

Feito árvore frondosa, teve seus netos Gabriella, Isabella, Victoria e Sophia, que são suas riquezas e que a emocionam a cada descoberta, a cada visita, a cada abraço...

Ivani não mais parou de enlaçar, com seu grande fio de amor, pessoas, sonhos, estudos, leituras, promovendo novas formas de encontro, novos sonhos e projetos, novas parcerias.

Milhares de professores são seus seguidores que conhecem sua obra sobre Interdisciplinaridade, seguem suas aulas, escrevem novas histórias e colaboram com pesquisas e práticas para a sua teoria.

De leitora a professora, de professora a escritora, sua própria história a presenteou com um percurso repleto de muitas vidas, unidas em laços de amizades e aprendizagens.

Hoje, seu nome virou nome de escola.

Uma escola repleta de sol e de calor, de olhares amorosos e curiosos onde se encontram, todos os dias, pequenas crianças ávidas e curiosas, amigas dos livros.

Ivani olha cada uma delas e se vê menina, como um grande reflexo no espelho...

Deixo um laço para você continuar esta história...

Ivani Fazenda é membro fundador do Instituto Luso Brasileiro de Ciências da Educação da Universidade de Évora, em Portugal, professora associada da Universidade Sherbrooke, no Canadá, membro do *Centre International de Recherches et Études Transdisciplinaires* da UNESCO, na França, e pesquisadora do Conselho Nacional de Pesquisa Científica.

Coordena no Brasil o Grupo de Estudos e Pesquisas em Interdisciplinaridade (GEPI), do qual participam muitos pesquisadores, estudiosos e colaboradores, mestres, doutores e pós-doutores.

Principais obras elaboradas e organizadas por IVANI FAZENDA

BIBLIOGRAFIA

2017	VARELLA, Ana Maria Ramos Sanches e FAZENDA, Ivani Catarina Arantes. *Gestão Educacional e Interdisciplinaridade*: desafios e possibilidades. São Paulo: Autoras, 2017.
2016	VARELLA, Ana Maria Ramos Sanches e FAZENDA, Ivani Catarina Arantes. *Projetos e práticas interdisciplinares*: movimento e transformação? São Paulo: Autoras, 2016.
2015	FAZENDA, Ivani Catarina Arantes; TAVARES, Dirce Encarnacion e GODOY, Hermínia Prado Godoy. *Interdisciplinaridade na pesquisa científica*. Campinas: Papirus, 2015.
2014	FAZENDA, Ivani Catarina Arantes (Org.); GODOY, Hermínia Prado Godoy (Coord. Técn.). *Interdisciplinaridade*: pensar, pesquisar e intervir. São Paulo: Cortez, 2014.
2013	FAZENDA, Ivani Catarina Arantes; FERREIRA, Nali Rosa e Col. *Formação de Docentes Interdisciplinares*. Curitiba: Editora CRV, 2013.
	FAZENDA, Ivani Fazenda e PESSOA, Valda Inês Fontenele (Orgs.). *O cuidado em uma perspectiva interdisciplinar*. Curitiba: Editora CRV, 2013. 140 p.
	FAZENDA, I. C. A. (coord.). *Práticas interdisciplinares na escola*. São Paulo: Cortez, 2013.
2008	FAZENDA, Ivani Catarina Arantes (Org.). *O que é interdisciplinaridade*. São Paulo: Cortez, 2008. v. 1. 199 p.
2006	FAZENDA, I. C. A.; Manolo Vilches; Arlete Soares; Leomar Kieckoefel; Luiza Pereira (Orgs.). *Interdisciplinaridade na Educação Brasileira*: 20 anos. 1. ed. São Paulo: CRIARP, 2006. v. 1. 224 p.
	FAZENDA, Ivani Catarina Arantes (Org.). *Interdisciplinaridade na formação de professores*: da teoria à prática. Canoas: ULBRA, 2006. v. 1. 190 p.
2004	FAZENDA, Ivani Catarina Arantes. (Org.). *Novos enfoques da pesquisa educacional*. 6. ed. São Paulo: Cortez, 2004. v. 1. 150 p.
2003	SEVERINO, Antonio Joaquim; FAZENDA, Ivani Catarina Arantes (Orgs.). *Políticas Educacionais*: o ensino nacional em questão. Campinas, SP: Papirus, 2003. 192p.
	FAZENDA, Ivani Catarina Arantes. *Interdisciplinaridade:* qual o sentido? São Paulo: Paulus, 2003. 85 p.